Un champion

Texte: Roch Carrier

Illustrations: Sheldon Cohen

BIENVENUE
à
STE. JUSTINE, QUÉ.
Pop. 1200

Livres Toundra/GRANDIR

Au mois d'avril, je savais que cela allait encore arriver.

La patinoire devenait molle. La lame de nos patins s'enfonçait dans la glace. Les filles se moquaient de nous voir barboter. La neige était grise. C'était le printemps.

La rue était un canal rempli d'eau. Nos forteresses de glace fondaient comme du fromage. Nos bonshommes de neige s'écroulaient comme des gros hommes ivres.

Les filles aimaient le printemps. Elles rêvaient aux fleurs qu'elles allaient bientôt cueillir dans l'herbe. Elles paradaient avec leurs manteaux et leurs bérets colorés.

Les vaches attendaient que notre patinoire redevienne un pacage.

Les garçons détestaient le printemps. Il n'y avait plus rien à faire. Il ne restait que l'école… et la boxe…

Le champion du monde était Joe Louis, le «bombardier brun». Son gros visage tuméfié apparaissait souvent dans le journal.
Je n'aimais pas assez ce sport pour afficher sa photographie au mur de ma chambre, à côté de celle de Maurice Richard, le fameux numéro 9 des Canadiens, notre équipe de hockey préférée.

Donc, quand la patinoire n'était plus qu'une grande flaque d'eau, nous nous retrouvions dans la cuisine d'été des Côté.

La famille Côté comptait une douzaine d'enfants, treize peut-être. Quand le temps devenait chaud, la famille quittait la cuisine d'hiver pour émigrer dans la cuisine d'été, plus vaste, mieux aérée et plus claire. Au printemps, c'était une grande pièce vide.

Un des Côté avait emprunté un bout de craie à l'école. Il dessinait un grand carré sur le plancher de bois. C'était le ring. Un autre des Côté frappait avec un gros clou sur une bouteille. C'était la cloche! Alors deux pugilistes se démolissaient. J'applaudissais aussi fort que les autres mais je détestais la boxe.

Je m'appliquais toujours à être le dernier à monter dans le ring. Mon adversaire sautillait devant moi, il me menaçait de ses gros poings. Je dansottais, je roulais mes gants, la tête baissée. Vlan! Je me ramassais sur le derrière et je saignais du nez. Le match ne durait que le temps d'un coup. Ce n'était jamais moi qui le donnais.

Des filles de l'école venaient assister à nos combats. Si l'un des Côté recevait un coup, elles roucoulaient. Quand je sortais du ring, étourdi, le visage ensanglanté, elles ne me voyaient même pas. Je faisais de mon mieux pour saigner le plus possible. Elles n'avaient aucun intérêt pour moi. Pourtant, au fond de mon coeur, je savais que j'étais un champion.

Mes amis étaient fils de fermiers, de camionneurs ou de bûcherons. Depuis leur toute petite enfance, ils travaillaient comme des hommes. Mon nez savait qu'ils frappaient comme des hommes.

Leur corps était trapu. Ils avaient de larges épaules, les bras courts et les jambes arquées. Ils étaient solides comme des souches. Ils étaient durs comme du bois d'érable. Ils dévoraient le porc et la soupe aux pois. J'aurais dû fuir mais comme je ne voulais pas être seul, je suivais mes amis.

Ma mère m'enguirlandait:

    — Pourquoi, disait-elle, es-tu encore allé fourrer ton nez dans la boxe?

Voilà comment les choses se passaient au printemps, dans mon village.

J'ai eu dix ans puis, l'hiver suivant, une publicité dans le journal a attiré mon attention. «Je veux faire de vous un champion du monde», disait un homme musclé comme les statues grecques qui illustraient nos dictionnaires. «En 33 jours, je suis devenu un champion qui va représenter le Canada aux Jeux Olympiques. Faites comme moi. Faites-moi parvenir 5 dollars et je vous révélerai mon secret.»

Voilà ce dont j'avais besoin! J'expédiai, avec une lettre sans faute, cinq billets d'un dollar à l'adresse mentionnée. La même semaine, je reçus une réponse du *Centre du miracle musculaire*: «Je reconnais en vous un futur champion. Malheureusement vous devez abandonner tout espoir si vous ne vous entraînez pas avec mes très excellents "Exerciseurs du miracle musculaire", de même qu'avec mes très excellents "Haltères du miracle musculaire". Pour les obtenir, il suffit d'envoyer trente dollars au *Centre du miracle musculaire*.» J'avais trente-deux dollars à la banque.

Ma mère ne voulait pas que je dépense toutes mes économies. Pour elle, l'intérêt bancaire avait plus d'importance que mes muscles. À la fin, je lui ai dit:

— Voulez-vous, maman, que votre garçon ait des petits bras fins comme une fille?

Elle m'a regardé et elle m'a dit:

— Roch, si tu n'as pas assez de sous, je te donnerai une piastre ou deux.

Bientôt, je reçus mon arsenal de champion. Pour surprendre les Côté, ma stratégie devait être un secret total. J'obtins d'abord le silence de ma soeur. Ce fut facile. Si elle parlait de mon entraînement, je la menaçai de mettre une souris dans son lit. Quant à mes frères, s'ils gardaient mon secret, je leur promis de ne pas rapporter à notre mère qu'ils avaient été malades parce qu'ils avaient fumé la pipe de notre grand-père.

Je savais, au fond de mon coeur, que j'étais un champion. Malheureusement je n'avais jamais réussi à le prouver.

Secrètement je me mis à l'oeuvre. En me levant le matin, au lieu de faire mes prières, je répétais cent fois: «Je suis un champion.»

Je courais à l'école, en scandant: «Je suis un champion! Je suis un champion!» Pendant la classe, je recopiais des centaines de fois: «Je suis un champion.» Selon mon *Guide du miracle musculaire*, c'était de l'autosuggestion motivatrice.

Après l'école, quand j'avais enfin terminé mes devoirs, je me précipitais sur mes exerciseurs. Je faisais cinquante fois le mouvement d'ouvrir les bras en étirant un seul ressort. Puis j'en ajoutais un deuxième et je m'efforçais jusqu'à épuisement. Hors d'haleine, en sueur, je chuchotais: «Je suis un champion.»

Après le souper je me précipitais dans ma chambre. Pour développer mes mollets, je montais les marches de l'escalier trois à trois.

— Roch, criait ma mère, pourquoi démolis-tu la maison?

Je me débarbouillais le museau avec un peu d'eau savonnée, et j'entreprenais un dernier round de boxe. Il n'était pas là, le plus grand des Côté, mais je cognais. Il était coriace. Je recognais: au nez, à l'oreille, au menton, au ventre, au plexus, à la mâchoire.

Finalement je lançais le crochet définitif qui écrasait le plus grand des Côté au plancher. Il s'écroulait sans bruit. Je marchais sur sa dépouille et je rentrais dans mon lit, triomphant. Immobile, j'écoutais la musique de mes muscles qui se développaient selon les prédictions du *Guide du miracle musculaire*.

D'autres jours, je saisissais mes haltères du Miracle musculaire. J'avais des ampoules. Mes articulations aux épaules criaient comme des pentures rouillées. Au lieu d'enlever des disques pour alléger la charge, j'en ajoutais. Les os de mon dos craquaient. Mes muscles dorsaux brûlaient comme du feu. Je tirais. La chair de mes bras semblait se déchirer. Ma poitrine semblait descendre dans mon ventre.

Un jour, je vaincrais des adversaires bien supérieurs aux Côté. Je deviendrais le premier boxeur canadien français champion du monde! J'étais un champion. Je le savais au fond de mon coeur.

Dans le miroir, je contemplais mes biceps. Il y avait autant de puissance là-dedans que dans un canon. Mes poings étaient durs comme des boulets. Ma poitrine était aussi inébranlable que le solage de l'église.

Pour aller à l'école je dissimulais mon nouveau corps d'athlète sous des chandails que j'enfilais les uns par-dessus les autres. J'étais devenu si musclé. C'était presque impossible à cacher. Ah! les Côté auraient une surprise!

L'hiver se fit moins froid. J'eus chaud sous mes pelures de laine. L'eau dégoulinait des glaçons accrochés aux toits. La patinoire se ramollit. C'était le printemps!

La saison de boxe recommença! Les garçons et quelques jeunes filles se retrouvèrent dans la cuisine d'été de la famille Côté. L'on poussa la table. L'on rangea contre le mur les skis, les bâtons, les patins, les raquettes. Le plus grand des Côté, soigneusement, traça à la craie les limites officielles du ring.

— Y a quelqu'un qui veut se battre contre moi?, demanda le plus petit des Côté qui sauta au centre du ring.

— Prépare-toi!, criai-je.

Solennellement, j'arrachai tous mes chandails pour exhiber mes nouveaux muscles. Mon coeur palpitait.

Le plus petit des Côté éclata de rire:

— Qui est-ce qui a envoyé ce poulet déplumé? Y en a pas assez pour faire un sandwich.

Un champion ne perd pas la tête si on l'insulte.

— Côté, menaçai-je entre les dents, tu ferais mieux de te concentrer.

La clochette tinta. J'attaquai comme un champion.

Quand je rouvris les yeux, je compris que
j'étais étendu dans le ring. Je saignais du nez.

Une jeune fille m'a fait un beau sourire et elle
m'a lancé des fleurs des champs.

Elle était la plus jolie fille de toute la classe.

Je n'avais jamais osé lui parler.

Ah! ce fut un beau printemps!

© 1991, Roch Carrier: texte
© 1991, Sheldon Cohen: illustrations

Publié au Canada par Livres Toundra, Montréal, Québec H3G 1R4

Publié aux États-Unis par Tundra Books of Northern New York, Plattsburgh, N.Y. 12901

Publié en France par Éditions GRANDIR, 84100 Orange

ISBN 0-88776-250-6 relié 10 9 8 7 6 5 4 3 2 1
ISBN 0-88776-258-1 broché 10 9 8 7 6 5 4 3 2 1

ISBN 2-904292-43-2 (France)

Library of Congress Catalog Card Number: 90-70134

Également disponible en anglais, *The Boxing Champion*, traduit par Sheila Fischman;
ISBN 0-88776-249-2 relié, ISBN 0-88776-257-3 broché

Données de catalogage avant publication (Canada)

Carrier, Roch, 1937-
    Un champion
ISBN 0-88776-250-6

    I. Cohen, Sheldon, 1949-   . II. Titre.

PS8505.A77C397 1990   jC843'.54   C90-090154-3
PZ23.C37Ch 1990

Pour la compilation et l'édition du présent volume, Livres Toundra a puisé des fonds dans la subvention globale que le Gouvernement du Québec lui a accordée pour l'année 1991.

Imprimé à Hong Kong par South China Printing.

L'auteur dédie ce livre à un petit garçon qui s'appelle Ariel.

L'illustrateur dédie à Matthew, son fils, les dessins de ce livre.